まごころを引き出す

廣池千九郎エピソード 第4集

モラロジー研究所出版部◉編

公益財団法人
モラロジー研究所

刊行にあたって

総合人間学モラロジーの創建者・廣池千九郎《ひろいけちくろう》（法学博士、一八六六〜一九三八）は、その前半生において、歴史学者・法学者として数々の論文・著作を著し、「東洋法制史」等の新学問分野も開拓するなど、学者として多くの業績を上げました。

しかし、大正元年（一九一二）、四十六歳のとき、独学で法学博士の学位を取得すると同時に、生死の境をさまようような大病にかかってしまいました。このような絶体絶命の境地の中で、精神的な大転換を成し遂げた廣池は、多年にわたる学者としての研究成果とみずからの体験を踏まえ、世界平和と人類の安心・幸福を実現する新科学モラロジーの樹立に専念し、大正十五年（一九二六）八月、諸聖人の教えに共通一貫する普遍的な道徳原理を世に問う『道徳科学の論文』を完成し、同時にモラロジー研究所を創立しました。その後、社会教育活動に鋭意奔走し、併せて学校教育（現在の麗澤大学等）にも着手し、さらには世代を重ねて学びを深める累代教育も提唱しました。その教育理念は、創立以来、首尾一貫して変わることなく、今日のモラロジー教育活動と麗澤教育に受け継がれています。

廣池千九郎に指導を受けた人々が伝えるエピソードからは、人を温かく包み込む慈父のごとき姿も多く浮び上がってきます。廣池が直接に接した人々は、そのエピソードを後進に語り、細かく書き残して廣池千九郎の姿を伝えてきました。そうした人々の多くが逝去され、また、かつて出版された書籍・雑誌類が入手困難となった今、執筆者のご遺族の了承を得て、モラロジー研究所の過去の出版物からそのエピソードを抽出し、文意を変えないように用語・表現等を一部整理して、平成二十四年度から『廣池千九郎エピソード』として順次刊行することとなりました。

第四集では、モラロジーの研究と教育に専念しつつ、後進を育てることに心を尽くした晩年の廣池千九郎の身近に接し、その指導を受けた女性たちが語ったエピソードを収録しています。

廣池千九郎の活躍した時代背景は現代とは大きく異なり、また、本書で紹介する廣池の教訓には、個々の場面において、あるいは特定の個人に向けて発せられたものも含まれています。この点を十分にご理解いただいたうえで、エピソードを味わい、廣池千九郎の息吹《いぶき》に触れ、モラロジーの学習と最高道徳実行の一助としていただきますことを念願しております。

平成二十六年十二月一日

公益財団法人モラロジー研究所 出版部

廣池千九郎エピソード〈第4集〉

まごころを引き出す／目　次

刊行にあたって　1

凡例　11

一、春の日のような人柄に……13

誠心ひとつからにじみ出るところの良妻慈母に（香川初音）15
最高道徳の実行はあくまで優雅に（香川初音）17
子供への土産（香川初音）20
相手の人が偉く見えるときは
それだけあなたが偉くなっているのです（香川初音）24
日本国中に人心救済の種まきがしてある（香川初音）31

たんぽぽは寒い間じっとこらえていたから
春になって芽が出る（井出　芳） 34

二、素直な心 ……………………………… 39

わしのところで一年、家内のところで一年修養すれば
一人前の女性になる（大塚たもつ） 41
他人の前では相手の欠点を口にしない（大塚たもつ） 46
叱られると気持ちが素直になって
自然と反省する心に（大塚たもつ） 48
見合い写真と博士の周到さ（大塚たもつ） 51
人心救済にはお金を使っても自分のことには質素に（松浦政子） 53

実の孫に対するような優しさ（松浦政子）56
おまえ一人を叱ったんじゃないよ（松浦政子）60
途中に困難があっても
必ず運命を開いて幸せになれよ（松浦政子）63

三、人を伸ばす教育 ……67

後世に残す原稿だけは大切に（水野節子）69
すべて相手の身になってする（水野節子）72
上っ面だけでは人はついて来ない（水野節子）77
温かいものは温かいうちに（水野節子）79
まごころの尊さ（水野節子）81

おまえがいなくなったら
夫はその後、モラロジーを続けてやっていけるか（水野節子） 84
われ、神と共にあり（岡田俊子） 90
初めからうまくできなくても実地に稽古を（岡田俊子） 94
食は人の生命をつくる根本（岡田俊子） 97
病人や老人に悪い気持ちを起こさせないよう
何事も慈悲の心で（岡田俊子） 101
物事は時と場合に応じて（岡田俊子） 104
陰でのさり気ない心配り（岡田俊子） 110
人にできないようなことが皆さんに満足していただけるようにできて、
初めて偉いと言える（岡田俊子） 112

執筆者一覧　116

装丁——レフ・デザイン工房　神田程史

凡　例

一、本書は、モラロジーの創建者・廣池千九郎（一八六六～一九三八）より直接指導を受けた人々が、過去にモラロジー研究所・廣池学園の出版物を通じて発表した「廣池の教えや、人となりを伝えるエピソード」を抽出・再編集したものである。出典は、各項目の末尾に記した。なお、各記事の執筆者の略歴は、巻末に一覧として収録した。

二、各項目に付した見出しは、原文の趣意を受け、本書収録にあたって新規に作成したものである。

三、表記に関しては原文の尊重に努めたが、現代的視点から検討を加え、表現上、不適切と思われる箇所は削除ないし修正した。また、文意を明確にするために調整を施した箇所もある。

四、廣池千九郎の呼称については、各執筆者による原文を尊重したため、「廣池千九郎博士」「廣池博士」「博士」「先生」「大先生」など、その表記は統一されていない。ただし、文頭にある「博士」「先生」は、人物を明確にするために「廣池博士」「廣池先生」とした場合もある。

五、本文中の（　）は、原資料に付された注である。なお、本書収録にあたって編者のつけた注は、文中に［　］で示した。

【出典一覧】

・香川景三郎・香川初音『まことの心――広池博士の思い出』昭和四十四年三月初版発行

・広池学園出版部編『まごころ――広池千九郎博士の思い出』平成八年六月初版発行

・『れいろう』昭和四十年七月号、四十八年十月号、平成二十四年三月号（モラロジー研究所発行）

一、春の日のような人柄に

誠心ひとつからにじみ出るところの良妻慈母に

香川初音

大正十四年ごろでした。ある日、廣池千九郎博士は私に「女学校では良妻賢母になる教育を受けたでしょう。それも悪くはないが、賢母にならなくてもよろしい。むしろ良妻慈母になることに心がけ、修養なさい。誠心ひとつからにじみ出るところの良妻慈母にならねば、いついかなる場合でもよい効果を得ることはできませんよ」と、力強いお言葉を頂戴《ちょうだい》いたしました。これも忘れられぬものとなりましたのは、意外なお言葉でありましたからでしょう。なかなか、いまだに実行できておりません自分を悔いております。

博士はどんな山奥の一軒家の温泉、時としてはわずかな日数のご滞在のときでも、必ず自炊でございました。こんなご面倒なことをあそばすのを変だなあとさえ思ったこともありましたが、お聞きする勇気もありませんでした。
あるとき、博士みずから食膳《しょくぜん》のお料理を、お箸《はし》を持って甲乙丙丁のお皿にあちこちと、しきりに一切れ、二切れと乗せ換えておられますのを初めて拝見しました。どうしてかしらと不思議に思っておりましたところ、「陳平肉《ちんぺいにく》を分かつこと公平なり」と口ずさびながら、なおお続けになっておられますので、「何事ですか」とお伺い申し上げましたところ、「昔、中国の陳平という人が言われたことを、今、自分が実行してみているところだ」ということでした。何事に限らず、このとおりにあそばすありさまを拝見して、教えられることばかりでございました。

（『れいろう』昭和四十年七月号）

最高道徳の実行はあくまで優雅に

香川初音

［静岡県の畑毛《はたけ》温泉に滞在中の廣池博士を訪ねた際］春も終わりごろの一日、非常によいお天気で、風もなく絶好の散歩日和の午前でございました。廣池博士もたいへんお体の調子もよく、お気分もよいので、散歩にお出かけになりました。私もお供をさせていただきました。

廣池博士は歩きながら「奥さん、この最高道徳の教えをしっかり身につけていきなさい。この修養をした人にひとたび接したときは、今日のように春うららかな、なんとも言えぬよい気持ちで、寒くもなく暑くもない暖かさを感じます。だんだんお近づきすればするほど、なんとも言い知れぬ深みを覚えるものです。麦は青々として、青空にヒバリのさえずる声を聞きながら、とてもよい気持ちで散歩していると、どこからともなくせせらぎの音が聞こえてくる。その音のほうへだんだん近づいてみると、はるか下のほうで流れているせせらぎの音だった。そっと近づいてよくよくのぞいてみると、よくはわからぬが淵《ふち》があり、さざ波もなく、鏡のような静かさで、底ひも知れぬ黒々とした深い淵であった」とお話しくださるうちに、私はすっかり引きつけられて、眼前にその情景がそのとおりに見えている心地になりきっておりました。

「最高道徳の実行で品性を完成するには、あくまで優雅でなくてはなりません。ところが、少しモラロジーを勉強して、言葉だけがよくわかってくると『それは因果律です』とか、『自己の不徳です』『反省します』など、口軽く言う人になりたがる。それではいかん。初めて会ったとき、なんだか知らんが引きつけられるような気がする、幾度か会っているうちにとても温かさを感じ、何か修養しておられるに違いないと、先方から尋ねられたとき、『私はモラロジーの研究会に行かせていただいております。いまだ日も浅うございますので、未熟な者でございます』と申し上げると、『私も行ってお話を伺いたい。いったいどんなことでしょうか』と聞かれたときに話してあげ、またお連れするのです」と、こんこんと歩きながらお話しくださいました。

まったく私にお守り札をお授けいただきましたのでございます。

（『まことの心』）

子供への土産

香川初音

〔自身の郷里である九州・島原の開発の際〕廣池博士のご指導を伝達するため、私は何回も東京・島原間を往復いたしました。あるときなど、〔博士が滞在中の長野県の〕田沢温泉に伺っておりましたとき、島原からの報告をお聞きになって、廣池博士は「これは手紙や電報ではいかん。すぐ行くように」と仰せられましたので、「ちょっと帰宅して東海道線に乗ります」と申し上げましたところ、「着の身着のまま、何一つ持たなくともよい。そのますぐ中央線で行きなさい」とのお言葉に、即時出発したこともありました。

またあるとき、廣池博士はご長女様（木檜《こぐれ》様）のお宅にお泊まりでございました。「お言葉どおり明朝出発させていただきます」と、おいとまのご挨拶に上がりました。いろいろとご指示をいただいて帰りかけましたら、「二人の子供（ミチ子とハル子）に、これを持って帰りなさい」と、赤・青・黄色などの鳥の羽根と風船とを結びつけてある笛を二本お手にされて、「実はこれまで、まだ一度もオモチャを子や孫に買ったことはなかったが、これは先日、浅草の観音様にお参りに行ったとき、仲店通りで『旦那《だんな》、お安くします。三本十銭です。お買いください』と、あまりしつこくつきまとわれたので、しかたなく初めて買ってきた笛です。一本ずつ土産《みやげ》にして与えなさい」と仰せいただきました。

「ありがとうございます。一本だけ頂戴して帰ります。こちらさまにも私どもと同じくらいのお嬢様がお二人おありでございますから、お上げになってください」と申し上げましたら、廣池博士はお手を振って、「いやいや、こちらの子供には母親がついているから安心だが、あんたの子供は母親に別れて暮らさねばならん。ことによったら長い留守となるだろう。こちらは一本でよろしいから、お持ちなさい」とおっしゃいました。

張り切っておりました私は、不覚にも涙が出て、頭が上がりませんでした。私風情の子供にまでもと、この温かいお情けを、このときほど身にしみ、胸に込み上げたことはありませんでした。お菓子や果物まで「これも子供になあ」と、お優しいお言葉でございました。みんないただいて帰りました。

翌朝、美しい笛を一本ずつ「廣池博士からですよ」と与えましたら、子供たちはとても喜びました。お菓子や果物は母に預け、「おばあさまに頂戴しなさい」と言い置いて出かけると、機嫌よく「お母さん、行っていらっしゃい」と見送る元気な子供の声に、気も軽く出発することができましたのも、思えば昨夜のお情け深い廣池博士のおかげでございました。（『まことの心』）

相手の人が偉く見えるときは
それだけあなたが偉くなっているのです

香川初音

　ある日、廣池博士のご講演中の一節に、「いかなる無学な者でも、この聖人正統の学問である最高道徳の勉強をして、努めて実行に励む人は、やがては大学の先生でも指導することができるようになります」とのひと言に、いたく心が引かれました。

　無学無知な私のような者でも、一生懸命になったら今の自分よりもいくらか向上できるのではなかろうかと、柄にもないことを思うようになりました。

そして廣池博士をはじめ皆様のお話をお聞きするたびに、自己反省がいちば

ん手っ取り早く実行しやすく、これは離しがたいものになってしまいますこ
とは、小学生時代から「人の振り見てわが振り直せ」とよく言われてきたせ
いでもあるのでしょうか、見るもの聞くもの自己反省にならぬものはないよ
うで、まことにたやすく実行ができると思いました。

列車にしても、昔は今ほどの乗客はなく、車中もホームも時間によっては
静かなものでした。ある日、新宿駅で乗り換えするとき、階段の中ほどで、
一人は中年、一人は青年の男同士が足を踏んだ、踏まないと、立ち止まって
いさかいをしています。なかなかやみそうもないところに私は通り合わせま
したとき、〝自分はまったく不徳だなあ。こういうありさまを目前に見ると
は思いがけないことであった。せめてもっと前方か後方かに乗車していたら、
こんな場面を見ないでよかったのに〟と思いました。

今までに私も踏まれたこともあったし、また、知らず知らずのうちに人の足も踏んだであろう。今までそんな覚えはないとしても、これから先も決してないとは限らない。こういうありさまに出会ったという事実は消えない。やっぱり縁があったと言うべきで、大いに自己への戒めとして、注意していきたいと思いました。

しかし、このような人様同士の小さい出来事まで見聞きするたびに、大小にかかわらず自己反省が生活の中の常習となっておりますことに気がつきませんでしたが、何かしら、以前の自分と今の自分が変わっているのに気がつきましたときには、まったく失望落胆その極に達し、どうすることもできなくなりました。頭はボーとして、何一つ考えることすらできず、ああもこうもとの意気もどこかへ行ってしまいました。そして、ついには五、六歳の子供たちが言っていることや行っていることを見聞きしても、〝実に偉いなあ。自分にはとてもあんなことは言えぬ。とてもあんな行動はできぬ。今の自分は幼い子供にも及ばぬようになってしまった。希望も失い、生き甲斐《いがい》もなく、どうしても頭が働かない。心が動かない。ああ、モラロジーを聞かない以前の自分のほうがましであった。よほど今よりもしっかりしていたように思う。廣池博士のお話のひと言とはまるで違う〟と思うようになりました。あまりにも哀れな私でした。さてはあの大学者のオジジサマにだまされたのではないかとまで、思い詰めました。あまりの情けなさに、廣池博士がご帰京あそばしたら、駆けつけて話し合いましょうと、まったく真剣勝負の意気込みとなりました。

やがて廣池博士ご帰京の日、中野の研究所にお着きあそばしたのを幸いに、おそばに参り、ご挨拶を終えてから「先生、お伺い申し上げます。いつぞやのご講演に、いかなる無学な者でも、この聖人正統の学問である最高道徳の勉強をして、努めて実行に励む人は、やがては大学の先生方でも指導することができるようになりますと、確かに仰せられましたでしょう」と申し上げましたところ、「確かにそう言うた」とおっしゃいました。

「しかし、なんだか私は先生にだまされたような気がいたします。実行をすればするほど、私はすっかりばかになってしまいました。今では五、六歳の子供にも及ばぬ者となり、何一つ考えることすらできなくて悲しくなりました。どうしたらよろしいでしょうか」とお伺いしましたところ、廣池博士はご自分のお膝をぽんと力強くたたかれて、「奥さん、よくそこまでになってくれました。そうなってくれる日を待っていた」とお喜びくだされました。

あまりの意外さにすっかり驚きました私は、「先生、さっぱりわかりません」と申し上げましたところ、こうおっしゃいました。

「モラロジーを聞かせてもらった以前の自分がよほど偉かったということは、みんなそれはあなた自身が自我充実していたからです。今、その自我が抜けてなくなったのです。決して悲観しなくてもよろしい。このコップに泥水を入れて、しばらく置いたら泥は沈み、上澄みの水はきれいでしょう。しかし、このコップにちょっとショックを与えてごらんなさい。泥はもくもくとして、また濁り水になります。泥水をあけてしまったら、コップは空になる。そこに清水を入れたら使用できます。自我没却しないでいくらよい話を聞いて、一時はその気になっていても、ショックを受けたらひそんでいた自我が出てきます。今のあなたは、このコップが空になったのと同じことになったのです。そこで、これからいよいよ聖人正統の学問を入れていくのです。相手の人が偉く見えるときは、それだけあなたが偉くなっているのです」

「先生、わかりません」と申し上げましたところ、「鏡の前に立ってごらんなさい。誰が映りますか。立った人が映るでしょう。また、今年はお召《めし》の着物が一枚欲しいと思うと、道行く人の着物にも気がつくものです。呉服屋のウインドウの前に立ってみたり、またデパートに行ってお召を買いたいのに、下駄の売場に立ちますか」と、非常に力強いお声に心打たれました。

一時に目が覚めた心地がして、「ハイ、よくわからせていただきました。先生、まことにありがとうございます」と頭を下げたときには、何か心にほのぼのとしたものを感じさせていただきました。

（『まことの心』）

日本国中に人心救済の種まきがしてある

香川初音

主に当時の東京市内をよく個人開発に駆け歩きましても、なかなかついていっしょにモラロジーのお話を聞きたいとおっしゃる方はありません。まったく悲観しました。

そこで廣池博士のもとに行き、「先生、いくらお話し申し上げても来てくださる方はありません。どうしたらよいのでしょうか」とお伺いしましたところ、「決して心配したり、悩んだりしなくともよろしい。安心しなさい。わしは日本国中、人心救済をして歩いて、種まきをしておいた。それが伏せ込んである。いずれ時期が来たら、思わぬところにも芽生えする。あちらでもこちらでも助かってついてくる人が、今に日本国、津々浦々に至るまできてくるから、悲観しないで、あきらめないで、人心救済を続けていきなさい」と、温情をもって慰めてくださったこともありました。

果たせるかな、今や日本全国はおろか、海外にもますます発展してきていますのも、皆さんの至誠ご努力もさることながら、その目に見えない力は、廣池博士がご生前中、伏せ込んでおかれた種が、時が経《た》つにつれ、次第に芽生えしてきたからで、まことにありがたいことでございます。

また、あるときの話に、「助けたい一心からではあるが、決して相手の傷に強くさわるな。浅い傷でも痛い、古い傷でもなお痛いもの。だから、真綿で傷をそっとくるむような温かい心で温めながら、徐々に接しているうちに先方は自然に助かるのです。低い、優しい、思いやりの心が大切です。伝統の命に心から服してこそ、根がついているから、話ひとつで先方が助かるのです」とご教訓をいただきました。

（『まことの心』）

たんぽぽは寒い間じっとこらえていたから春になって芽が出る

井出　芳

廣池博士は明治三十八年、三十九歳のときに熱海《あたみ》温泉でご静養中、たまたま畑毛温泉がよく効くということを聞かれまして、早速熱海峠を馬で越えて来られました。それ以来、畑毛温泉には毎年のように来られました。

当時の畑毛温泉には琴景舎《きんけいしゃ》（高橋旅館）、七峰館（井出家）、松屋という三軒の旅館しかなかったころで、博士は琴景舎に宿泊し、入湯しておられました。

廣池博士と井出家とのつながりが深くなったのは、地続きで、博士の離れ座敷に行き来が自由にできたこともありますが、博士と主人・静《しずか》の父［登］

がよい話し相手であったからだと思います。父は近くの若者たちに漢学を教えておりまして、このへんではいちばんの知識人でした。自分は学者ぶっていましたから、博士に自分から頭を下げようとしませんでしたが、博士の偉さはわかっておりましたので、自分の子供たちには自炊されている博士にひそかに近づくようにさせました。主人はそんなことから、十六歳のころから博士と面識を持つようになりました。

その父も、私どもの長男・大《ひろし》が生まれた大正六年に亡くなりましたが、その後も博士が琴景舎におみえになったときには必ずご挨拶に伺いました。すると、博士は「またお世話になるよ」と言って、私どもに親しく話しかけてくださいました。あるときなどは〝しし〟の肉の塊をお土産に持ってこられて、「これ、あったまるよ」と、くださったこともございます。

博士のお体には、体に泡がつく、三十八度の炭酸泉であるこの畑毛温泉がよく適したのだと思います。大正十二年の夏より、琴景舎の離れ座敷に居を定められ、温泉に入浴しつつ、昼夜の別なく『道徳科学の論文』のご執筆に専念されました。お弱い体ですので、お床に横になられてご執筆なさる博士のお姿は、まことに常人とは思えませんでした。お床の周囲は、本と原稿の山でした。

昭和七、八年ごろだったと思いますが、三月のある日、私は田んぼでセリを摘んでおりました。すると、どなたか後ろで気配がしますので、振り返ると博士でした。博士は「おかみさん、精が出ますなあ」と、気持ちのよい挨拶をされました。そして、二、三歩歩かれて立ち止まり、田んぼのわきにたんぽぽが一輪咲いているのを見つけられ、「たんぽぽは寒い間じっとこらえ

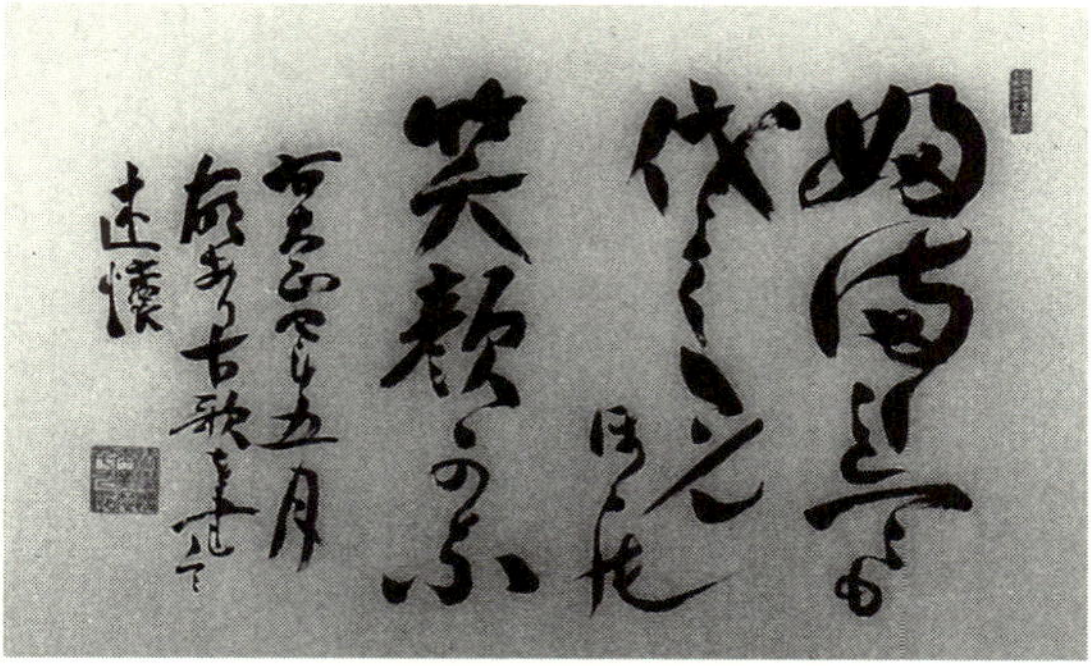

廣池千九郎の遺墨
「踏まれても咲くたんぽぽの笑顔かな」

ていたから、春になって芽が出るんだね。あんなに人に踏みつけられても、こうしてつぼみがふくらんでくる。かわいいものだ。力強いものだなあ」とおっしゃって、しばらく黙って見ておられました。

それから、富士山の方向へくるっと振り返って、またしばらくの間、食い入るように富士山を眺めておられました。博士はいつものようにトンビ「袖《そで》なしの外《がい》套《とう》」にえり巻きをされていましたが、私はそのお姿を見て「本当に生き神様だなあ」と思いました。そして摘み草のための包丁を持ったまま、なんとも言えない気持ちで、お帰りになる博士の姿を見送りました。

（『れいろう』昭和四十八年十月号）

二、素直な心

わしのところで一年、家内のところで一年修養すれば一人前の女性になる

大塚たもつ

廣池千九郎博士がいつか言われたことですが、最初、お手伝いの女性は年配の人と若い人をいっしょにお使いだったそうです。ところが年配の人と若い人とでは考え方も仕事のしかたも違って、うまくいかなかったとのことです。そこで博士は「どちらにしようかと考えた末、年配の者は万事によく気がつくし、仕事にも疎漏《そろう》が少ないからいいようだが、わしの手伝いは万一のときは若い者でないとできん。それで若い者を使うことにした」とお話しに

なりました。それで博士のおそばには、少ないときでも二、三人の若い人が奉仕をされていました。これはやはり、博士のお世話は体力的にも大変だったということでしょう。夜通ししなければならないこともしばしばありましたし、ご用によっては多少体に無理をさせなければならないことも多かったからです。

けれども私がご奉仕させていただいたころの博士は、比較的にお体の調子のよいときであったかと思います。それで私は、ほかの側近の方に比べれば楽にお務めをさせていただけたように思います。それだけに、苦労していない分だけ進歩がなかったということにもなります。

廣池博士が「療養のため逗留《とうりゅう》していた各地の温泉から」ご本宅にお帰りになるときは、春子奥様からいろいろ細かく女としてのたしなみや心得を教えていただきましたが、博士のところではそういうわけにはまいりません。主なご用と言えば、部屋の掃除をするとか、ご身辺をきれいにしておくとかということではなく、もっと大事なご用がたくさんありました。例えば、部屋も博士の読みさしの本が開いたままになっていれば、「そのままにしておけ」とのお言葉に従って、掃除もしないくらいでした。

また、例えばコンロで炊事をしていても、博士のお呼びがあればすぐ飛んで行かねばなりませんので、その間にコンロの炭が立ち消えになってしまいます。それらを一見すれば、もったいないようにも見えたことでしょうし、若い娘の修養としては、あるいは適当ではないとも見えたことでしょう。そこで博士は「わしのところで一年、家内のところで一年修養すれば、完全な一人前の女性になる」とおっしゃいました。

晩年の廣池千九郎夫妻

廣池博士が東京のご本宅におられるときのわずかな間には、春子奥様からいろいろなことをお教えいただきました。仕事の手のすいたときなど、奥様が「こっちへいらっしゃい」と呼んでくださり、お部屋で昔のご苦労話などを承りました。また、ガスや水道水の節約のことや、ご自慢のおいしい漬物の漬け方など、細かく教えていただきました。奥様のご生活の質素なことは驚くばかりで、お手伝いの女性を二人もお使いになる時代になっても、一度使った紙はしわを伸ばして二度使われ、板切れを打ちつけて修繕した古ダンスをそのまま大切に使われていました。私どもはそれらのことを通して、奥様のそれまでのご生活とご苦労の数々を偲《しの》ばせていただくとともに、物を大切にする心を学ばせていただきました。

また、博士のお風呂《ふろ》はぬるいものですから、入浴の間隔があくと、すぐ冷めてしまうのです。博士が「風呂！」と言われてからお風呂をたくのでは間に合いません。けれども、ご本宅では春子奥様が博士の入浴なさりたい時間を見計らって、前もってお風呂をたいておいてくださいました。そして私どもに「たいておきましたよ」とおっしゃってくださり、そのお心づかいを本当にありがたいと思いました。〝やはり博士のお心をいちばんご存じなのは奥様なのだな〟と感慨深く、また、うれしく思いました。

（『まごころ』）

他人の前では相手の欠点を口にしない

大塚たもつ

廣池博士のご用は、急がれるとき、特にお体の具合の悪いときは本当に待ったなしでした。

熱いお茶がお好きで、「お茶」と言われれば、すぐ熱いお茶をお持ちしなければなりません。手早くする人でないと間に合わないのです。私はグズのほうでしたから、よく「そんなグズでは間に合わん」と、お叱《しか》りを受けました。けれども、それは私だけしかいないときのことで、お客様やほかの方の前では「落ち着いていてええ」とおっしゃっていただきました。逆に、動作が乱暴でそそっかしい方のことは「敏捷《びんしょう》で間に合《お》うてよろしい」と言われます。

なぜ、そんなふうな言い回しをなさるのかとお尋ねしましたら、「他人の前で『これはグズで間に合わん、そそっかしくていかん』と言ったら、嫁入り前のおまえたちを誰が信用するか」とおっしゃられ、その思いやりに感激しまして、自分も人様の欠点は口にすまいと心定めをさせていただきました。

(『まごころ』)

叱られると気持ちが素直になって自然と反省する心に

大塚たもつ

廣池博士にお仕えしていて、つらいとか苦しいとか感じた思い出はありません。ただ、いつか博士の頭をもみながら居眠りしてしまい、舟をこいでいた私の頭が、博士の頭にぶつかってしまったことがありました。博士の「おい」とおっしゃる声で目が覚めて、恐縮いたしました。時にはそのように眠たくてしかたのないときもありましたが、それを苦に感じる前に、自然に体のほうで休息を取って居眠りをしてしまうことが多いのでした。

博士からモラロジーについて、改まってお話を伺うというようなことはありませんでした。私どもの程度に合わせられたのでしょう。ただ、日常のことを通じていろいろご注意いただいたことは数え切れません。また、日ごろから折に触れて「親に孝行しなさい。親を安心させなさい」とお教えいただきました。

博士からお叱りを受けたときは、何か気持ちが素直になって、自然と反省する心になるのは不思議なくらいでした。博士は誰かを注意したり叱ったりなさるときは、大きな声でなさいますから、みんなにすぐわかります。今から思いますと、わざと大きな声を出されて、ほかの者に対しても注意されたのではないかと思います。私ども側近の者は、誰かが注意されれば、私どもみんなへのご注意と思って聞かせていただきましたし、誰かが「これこれのことで叱られましたよ」と言えば、「あっ、それは私のしたことです」というように、自分のしたことでない場合でも腹を立てることもなく、お互いに反省し合い、注意し合いながらお務めをさせていただきました。

（『まごころ』）

見合い写真と博士の周到さ

大塚たもつ

昭和九年、私の見合い写真を撮ったときのことです。廣池博士が田沢温泉におられたときでした。「わしはこれから写真を撮りに行く。おまえもいっしょに来なさい」と言われ、上田市の写真館へお供しました。

博士は写真を撮り終えられると「ついでだから、おまえも撮りなさい」と言われますので、私も一枚撮っていただきました。博士は写真のでき上がるのを「まだか、まだか」とお待ちかねでしたが、できてきた私の写真をご覧になって「おお、これはええな。わしに一枚記念にくれ。代わりにこれをやるから」とおっしゃり、私の写真をお持ちになり、代わりにご自身の写真

（裏面にご署名）をくださいました。

そのときの私の写真は博士がお持ちとばかり考えていましたが、それが私の見合い写真となって、当時大阪におりました今の主人（大塚善治郎）の手元に行ったのです。あのときの博士のご周到さは、今思ってもほとほと感心させられてしまいます。

（『まごころ』）

人心救済にはお金を使っても自分のことには質素に

松浦政子

［廣池博士が温泉療養のため逗留していた群馬県の］霧積《きりづみ》などで、普段、お客様がないときの廣池博士のお食事は質素でした。お客様がいらっしゃると、ない中からでもごちそうをされますが、普段は、あり合わせの野菜で精進揚げや、芋・豆・油揚げ・菜っ葉の煮物などをつくります。「わしは小さいとき、貧乏で育ったから、食べ物は質素でいい」とおっしゃっていました。人心救済には惜しげもなくお金をお使いになられますが、ご自分のことには質素でした。そういうご様子を、お仕えしていて目の当たりにしました。

昭和7年、岩手県の須川温泉に向かう廣池千九郎一行

博士のおそばにいると、心が素直になれました。博士にはそういう感化力がありました。誰しも心の中には、まごころや至誠がわずかでもあるものです。博士はそれを引き出される方でした。

側近者をお叱りになるときでも、博士は〝この子がこれからの人生を幸せに送れるように〟とお考えになるのです。また、相手の性格や家庭事情に合わせて教育をされるので、人によって教育のしかたが違いました。そういう慈悲の深さや行き届いた思いやりを感じるので、どんなに叱られても反抗心は少しも起こりませんでした。側近者はみんなそうです。

博士の行かれる温泉は、山の中が多く不便なところばかりでしたが、随行していく者は、お手伝いさんを雇っている家の出身であっても、誰も不平不満を言わないのでした。お仕えしているときは二十四時間勤務のような状態で、休みの日など一日もありませんでした。それでも側近者はみんな生き生きとして、仲よくご奉仕したのです。

（『まごころ』）

実の孫に対するような優しさ

松浦政子

数え年二十二歳のとき、婚期を逸するからと、廣池博士は私の結婚のことを考えてくださいました。なんとかお手伝いができるようになっていた私は、もう少しおそばにいてお仕えさせていただきたいとお願いすると、博士は「わしのことはいいから、このご縁を大切にしなさい」と言われました。両親や兄も喜んでくれて、私は名古屋の松浦家に嫁ぎました。昭和七年の秋のことでした。結婚については、結納のことから結婚式の日取りから荷物のことまで、何もかも博士にご指導いただきました。

主人の松浦興祐《こうすけ》は、外国語学校を卒業していて、どちらかというと教育者タイプの人でした。モラロジーの話は、主人の兄（松浦香《かおる》）と共に古くから聞いていました。

そこで昭和十年、道徳科学専攻塾が開塾されたとき、私たちは二人とも廣池博士に呼んでいただきました。主人は語学とモラロジーの教師をしました。私は、一年間は給食課の仕事、後は廣池博士没後の一年祭まで、麗澤館で奉仕させていただきました。

主人のほうは三月の初めに一人で先に学園（道徳科学専攻塾）に来ており、私も主人が少し落ち着いてから呼んでもらうつもりでおりましたが、急に三月二十日ごろ、私に早く来るようにという連絡がありました。それで、生後十か月の長女（順子）を連れて、博士の滞在されていた畑毛温泉に行きました。そこで博士が「おまえは専攻塾へ行ったら、食堂の味付けと献立をせよ」とおっしゃいました。そう言われたら、自分ができるかできないかなんて考えないで、精いっぱいお仕えをさせていただくという気持ちになって「はい」と返事をいたしました。わからないことはなんでも博士に聞けば教えてくださいますから、とても安心感がありました。

その晩は畑毛に泊まり、翌日、専攻塾に向かうのに、博士は側近者の東京の丸井コト子さんを私につけてくださったのですが、おまえのためにつけてやるなどとはおっしゃらず、ただコト子さんに「おまえ、政子といっしょに行って、二、三日、親に顔を見せて来い」とおっしゃったのです。そして、三島から二等の切符を買ってくださいました。二等に乗るのは生まれて初めてでした。子供連れで困らないように、という思いやりからでした。

その日のお昼、三島の駅前で、博士からすき焼きをごちそうになりました。

ごいっしょに鍋《なべ》を囲んでいたら、博士がご自分の卵を溶いたのをぱっと鍋に入れ、半熟ぐらいに煮えたら私の小皿に取り、「これを順子に食べさせなさい」と、私の娘にくださいました。まるで、本当のお孫さんにされるような情景で、博士のお優しさをしみじみと感じました。

（『まごころ』）

おまえ一人を叱ったんじゃないよ

松浦政子

　昭和十三年四月一日、学園で廣池博士ご夫妻の金婚式があった前日の晩に、博士は麗澤館で「三十六人のお客様に鯛茶漬《たいちゃづ》けをお出しせよ」と命じられました。そのとき、私は大失敗してしまったのです。

　鯛茶漬けというのは、お茶が熱くて、ご飯が炊きたてでないとおいしくないのですが、どういう手違いか、博士のところのお茶がぬるかったのです。それで博士が台所まで来られ、責任者の私に「おまえは鯛茶漬けのお茶がぬるかったら、おいしく食べられるか」と、大きな声で叱られました。

　ご飯のほうは、ご飯を炊くのが上手な篠原直吉《しのはらなおきち》さんの奥様が係をしていましたが、お茶の係はいませんでした。当時は今のようにポットがない時代ですから、コンロをいくつかずらりと並べて、そこにヤカンをかけてお湯を沸かしていたのです。それでも、たまたま博士のところのお茶がぬるかっただけで、ほかの方にはちゃんと熱いお茶が行っていたはずだと思います。しかし、物を人に出すときは、本当に行き届いた心配りをしなくてはいけないということをご注意いただいたのです。

三十六人のお客様がお帰りになってから、博士のお部屋に伺って「先生、今日は本当に申し訳ございません」とお詫《わ》びを申し上げました。ほかの側近の人たちは、どんなに私が叱られるかと思って、誰も来ないのです。博士は私の顔をご覧になって、ひと言「おまえ一人を叱ったんじゃないよ」と言われたきりでした。それをお聞きしたら〝私は皆の代表なのだ。叱られたのは当然だ〃という気持ちになりました。

後で〃あんな大きな声をお出しになるのだから、博士はまだお元気がある
な〃とうれしく思いました。なんだか厚かましいようですが、そう思いまし
た。それが、博士から私が叱られた最後となったのです。

（『まごころ』）

途中に困難があっても
必ず運命を開いて幸せになれよ

松浦政子

忘れることができないのは、昭和十三年五月十六日、廣池博士が逝かれる少し前に、大穴温泉〔群馬県〕でお別れしたときのことです。十五日の晩に「明日、中田さんと大穴に来るように」というお電話があり、中田中《みつる》先生と大穴温泉へ向かいました。私は博士に名前をつけていただいた、生まれて間もない長男（祐太郎）を連れて行きました。

大穴に着くと、博士のお部屋に呼ばれ、お部屋には私と赤ん坊だけが入らせていただきました。床に横になられていた博士は、じっと私のほうに顔を向けられて「なあ、政子。わしはもういっぺん、小金〔千葉〕の麗澤館に帰りたい」とおっしゃいました。しばらくぶりにお会いしたのですが、びっくりするくらいおやせになって、お体が衰弱していらっしゃるのがわかりました。博士のお言葉に対して、私はお返しする言葉が出ませんでした。〃でも、今の自分の状態ではとても無理だ。自分はもう命がない〃と、ご自身は悟っていらっしゃったのだと思います。

そして、私に「何があっても、この教えと精神伝統につながっていきなさい。そして、途中に困難があっても、必ず運命を開いて幸せになれよ」と言ってくださいました。そして博士は「赤ん坊の顔を見せよ」と言われ、子供の頭を撫《な》でられて「偉くなれよ」と言ってくださいました。

それから博士は「おまえにはいつも麗澤館の留守番ばかりさせて、谷川に呼んでやったことがなかった。わしが生きとるうちに、おまえにいっぺん谷川を見せてやりたい。今から谷川へ行って、温泉に入ってこい」とおっしゃいました。そう言ってくださる博士のお気持ちを受けさせていただいて、大穴から谷川に行きました。それからすぐまた大穴に戻ってきて、その夜ずっと博士のおそばで、お体や足をさすらせていただきました。このように、最後に博士のお世話をさせてくださったのは、博士のお慈悲だと心から感謝しています。

明くる朝も早く起きて、博士のお部屋に参りました。少しでも博士のおそばを離れたくなかったのです。ところが博士は「おまえは今日は小金へ帰れ」とおっしゃいました。そして「子供が何人になっても、わしが生きている間は麗澤館の留守番を頼むよ」というお言葉をいただきました。

博士は私の帰りのお弁当のことまで気づかわれ、指図されるのです。私が一人で子供を連れて帰るのだから、汽車の中でお弁当を買えなかったら困るだろうと、側近の女性に「政子にお弁当をつくってやってくれ」とおっしゃいました。

お別れするのは本当に悲しく、博士があんなふうにおっしゃっても、もう一度回復されて、麗澤館に帰っていただけないかと思いました。それが結局、最後になりましたが、そのときに博士からいただいたお言葉が、その後の私の心の支えになりました。

今でもたびたび、そのときの博士の慈愛に満ちたお顔が、心に浮かんできます。そして、私を力強く励ましてくださいます。

（『まごころ』）

三、人を伸ばす教育

後世に残す原稿だけは大切に

水野節子《よしこ》

そのころ［自身が奉仕するようになった昭和七年ごろ］の廣池千九郎博士は、温泉から温泉へとご療養をなさりながら、原稿執筆にお忙しい毎日でした。原稿ができるのには、夜も昼もありません。お風呂の中で静かに考えごとをなさっていると、いきなり「原稿！」と叫ばれます。私たちはお部屋までの長い階段や廊下を飛ぶように走って、紙、筆、矢立てを持ってまいります。そうしたときの博士はたいへん厳しく、紙を持ったり、筆を取り替えたりするのにうまく呼吸を合わせて機敏に進めないといけませんでした。

原稿は非常に大切にされていて、日常は質素ながらも、原稿用紙や墨は後世に残すものとして、最上の品をお使いでした。清書は書生さんが正座して丁寧に書いていていました。でき上がった清書を博士のところにお持ちすると、読み返されて、訂正が入ります。それをさらに清書に回すのです。そんなことが四、五回続くと、私は書生さんが気の毒になって「先生、またですか」と、不平そうに申し上げたことがあります。すると、博士はすまなそうなお顔をされて、「金儲《かねもう》けじゃないからのお、どうしたら後世にまでわかってくれる

廣池千九郎が使用した文具類

じゃろうかと思ってのお」と言われるのです。

私が留守番をするときでも、大きな財布を手渡されて「泥棒が入ったら金は皆やれ。火事になったら家は焼けてもいい。しかし原稿だけは頼むぞ」と言われ、私は原稿をいつでも持ち出せるように枕元に置いて休んでいました。

（『まごころ』）

すべて相手の身になってする

水野節子

随行の最初のころのことです。「節子は家から来た手紙を見て、泣いちょるか?」と、隣の部屋から廣池博士の優しいお声が聞こえてきました。人の前では「おっとりしていてよいのう」と褒めてくださいますが、人のいないところでは「そんなことで社会生活ができるか」と、よく叱られました。

私は家にいたとき、ご飯ひとつ炊いたことがありませんでした。ですから初めのうちは、お焦げをつくったりしました（博士はお焦げがお好きでしたが）。漬物ひとつ切っても十分に切れなかったので、お箸で一つつまむと、みんな連なってついてきました。自分の家では「おまえなんかがいじったら、もったいない」と言われますから、なんにも手が出せなかったのです。ところが、博士はやらせてくださいました。魚でも、料理したことはなかったのに、三枚に下ろせるようになりました。

職員の奥さんがいらっしゃったとき、「節子さんはあんな無駄なことをしていますけど、注意しましょうか」という声が聞こえてきました。魚を焼こうとして、早くから炭火を起こしていたので、炭火が落ちそうになっていたのです。そうしたら博士は「黙っといてくれ。あれは今、一生懸命やっとるんだ。この次には気をつけるから、何も言わんでくれ」とおっしゃっていました。物が粗末になっても、人間を育てることのほうが大事だということを言われたのです。だから、本当にのびのびさせていただきました。

しかし、私はどうやら「迅速」がいちばん欠けていたようです。小包が来て、ひもを丁寧にほどいていると、博士に「ハサミで切りなさい」と言われます。そこで、次の機会に私がハサミで切りましたら「ばか」と叱られました。急ぎのときと、そうでない場合とを理解するまでが大変でした。お部屋に入るのに、座って障子を開けておりましたら「迅速」と言われます。ご飯をよそうのに、二度シャモジでつけておりましたら、九州弁で「ぽくと」と言われます。「早く」という意味でした。お代わりをつけるのに「少し」と言われたら、「はい」と言って本当に少しつければよいのです。また「はい、はい」と二度言うと叱られました。お茶ひとつお出しするのでも、時と場合によって、熱いのを出したり、ぬるいのをたっぷり入れて出したり、冷たくして出したり、すべて相手の身になってすることを教わりました。

霧積温泉のような山の中でも、博士の指導を受けに来られる方はずいぶんあります。博士は「せっかく来たんだから、心からもてなせ」と言われます。そして、若い人がいらっしゃるのがいちばんうれしいご様子でした。だから「今日は若いのが来るからなあ、若いのが来るからなあ」と言われて、博士はじっとしていられないのです。お勝手をのぞきに来られて「あれをつくってやれ、これをつくってやれ」とおっしゃいます。また、お客様がいらっしゃると「疲れて来ているんだから、まず風呂へ入ってもらえ。少し休ませてあげなさい」と言われて、お客様をよくいたわるようにしていらっしゃいました。

［実兄の松浦］興祐兄が矢野政子さんをお嫁に迎えるとき、博士は両親に「わしのところでよく叱ってあるから、安心して叱って、なんでも言いつけてくださるように」と話されました。両親は涙ぐんで喜んでいました。

また、博士は「いろいろの悩みや問題が出てきても、目上の人に相談しなさい。同じような者同士で不十分な話をしていても、それは下馬評というものじゃ」と教えてくださいました。博士は「陰徳を積む以外に運命の立て替えはできない」と話されておりました。小さな心づかいの伏せ込みが大切だということです。

半年くらいして実家にちょっと帰ったとき、私は親の言うことに対して、自然に「はい、すみません」と素直な気持ちで言えるようになっていました。私の変わりように、母は涙を流して喜んでくれました。

（『まごころ』）

上っ面だけでは人はついて来ない

水野節子

粗相をしても、こちらが間違いを十分反省しているときには、廣池博士はくどくど叱ったりなさいません。しかし、私どもが気のつかないうちに自分中心の心づかいになっているときには「ばか」と厳しく叱られました。

原稿の代筆をするとき、漢字がわからない場合にあて字を書きますと、「卑怯《ひきょう》じゃ」と言って叱られました。片仮名で書くと「正直でいい」と、かえって褒められるのです。博士の前では自分をよく見せようとしても無駄で、ありのままの姿を見ていただくことがいちばん大切でした。

また、霧積温泉で手洗いの掃除をしていたとき、汚れた便器の周りを拭《ふ》くのがいやで、戸や板壁などきれいなところばかりを拭いていますと、通りかかった博士が雑巾《ぞうきん》を取り上げられて「こうして、こう、こうするのじゃ」と、ご自分で汚れたところをきれいに拭き取られました。そして「人心救済でも、上っ面だけでは人はついて来んぞ。やりかかったら、とことんまでするのじゃ。このことを後世に伝えよ」と厳しく話されて、私に雑巾を渡されました。

このように、当時は特別にモラロジーの勉強をしたわけではありませんが、博士を通して、折に触れて学ばせていただいたことが多いのです。

（『まごころ』）

温かいものは温かいうちに

水野節子

廣池博士という方は、固いお話ばかりかというと、そうではありません。ラジオで浪曲をお聞きになりますと、語尾がはっきりしないのはお嫌いで、そんなとき「止めろ、わしがやっちゃる」と九州弁で言われて、一節うなって聞かせてくださいました。

私たちが用事で忙しいときには、中田先生が上がり湯を沸かしてくださったり、博士が「七厘を持って来い、ナスを焼いちゃる」と言われて、机の上で丸ごと焼いてくださったり、いろいろお手伝いをしていただくこともありました。

お食事は味の濃いものがお好きで、京都に行きますと「味が薄口で、やはりお公家《くげ》さんのはてじゃ」と、目を細くして笑っていらっしゃいました。それに、食事ができると、何をなさっていてもすぐお膳につかれ、用意をした私たちを待たせることはありませんでした。なんでも温かいうちに召し上がられ、差し上げるほうも本当に張り合いがありました。

また、博士のお体のお悪いとき、徹夜の看病のつもりでおそばに座っておりますと、若いものですから、つい知らぬ間に寝込んでしまうのです。目を覚ますと、肩に博士の真綿の入った温かい羽織がかかっています。どちらが看病しているのかわからないような始末でした。

（『まごころ』）

まごころの尊さ

水野節子

あるとき、学園の講堂で廣池博士が講演された後、一人の本科生が麗澤館にみえました。お話に感銘したと言い、わずかなお金を懐紙に包んで、恥ずかしそうに置いていきました。名前を尋ねても逃げるようにして行ってしまったのです。

それをお伝えすると、博士は目を輝かせてお喜びになり、ご神壇《しんだん》の前に行かれると、長い間じっとお祈りをしていらっしゃいました。そして「金高ではない」と、ひと言おっしゃったのです。決してたくさんの報恩をされたからといって喜ばれるわけではなく、まごころでさせていただくのが尊いのだと教えてくださいました。

私も博士のお心に打たれて、神様にお供えしたことがありました。そんなとき、「神は受け取った。だからこれはおまえが独立してからにせよ」と、博士からお返しいただいたこともありました。

博士は常に祈っていらっしゃいました。お体のお悪いときには「何か神様のお気に召さないことがあるのでは」と自己反省されていましたし、どこに行かれるにも、ご自分で「神様」と書かれた小さな箱をお持ちになっていました。［お体の具合で］寝ながらお茶を召し上がるときでも、湯飲み茶碗がスーッと上へ上がっていくのです。なんだろうと思ったら、神様に祈っていらっしゃるのです。散歩の途中でも、道の端にあるお地蔵様には必ずお辞儀され、神社があれば、お車の中からでも会釈なさっていました。

また、博士はたいへん素直なお心をお持ちでした。食後にメロンを召し上がっていらっしゃるときに「お体に障りませんか」と何気なく申し上げると、「ああ、そうか」と言われて、すぐおやめになるのです。私は「ああ、しまった。つまらないことを言ってしまった。もっと召し上がっていただくんだった」と後悔したことがあります。

そうした欲のない、素直な博士のおそばにいると、どなたでも自然にまごころでお仕えしようという気になりました。私のように何もできない者でも、自由にのびのびとやらせていただけたのも、多少の失敗はあっても本人に努力させてやろう、伸びる者は伸ばしてやろうという、博士の温かいお慈悲の表れだったと思います。

（『まごころ』）

おまえがいなくなったら
夫はその後、モラロジーを続けてやっていけるか

水野節子

現在の学園が開設される前は、廣池博士の周りでは手が足らないという状態でした。そんな中で、私に結婚の話があっても、博士のことを思うとお嫁に行けず、「大《おお》先生のことを思うととても行けませんので、今度のお話はなかったことにしてください」と申し上げていました。博士も「そうしてくれるか」とおっしゃっていました。

その後、学園が開設されて、後輩がたくさんできてきても、しばらくそのままで博士のもとに安住していました。しかし、やがて博士は「もういいか

げんに嫁に行ってくれよ。わしは心配だ」とおっしゃるようになりました。私もご心配をかけたらいけないと思い、〝今度お話があったら何も文句を言わずに行こう〟と覚悟するようになりました。そう覚悟して決めたのが、今の夫でした。

婚家は人を大勢使っているところで、夫は八人きょうだいの長男で、まだ幼稚園へ通っているきょうだいもいました。夫が赤ん坊のときからいるようなお手伝いさんもいて、お姑さんがいっぱいいるような感じでした。また、婚家の母は上州の出身で、その特有の荒い口調で言われると、気が落ち込みました。

しかも婚家はモラロジーの研究会をずっと開いていたために、みんな聴く耳は肥えていました。〝あれでも廣池博士のところにお仕えしていたのか〟

という目で見られて、つらい思いをしました。そうかといって、私の両親は年を取っていて、母は寝たきりになっていたため、その母を泣かせるようなことは言いたくありません。そこで［実兄の松浦］香兄に事情を話すと、兄はモラロジーの原理で私を説き伏せようとするので、なかなか素直に聞けませんでした。そんなことから、いつも婚家から逃げ出したいと思いながら生活していました。

昭和十二年五月、博士が大分県の寒《かん》の地獄《じごく》に行かれる前に、名古屋の私の実家に一晩お泊まりになりました。そのとき、香兄は〝節子は愚痴ばっかり言って、しようがないから、博士に叱ってもらおう〟と考え、私を実家に呼びつけました。博士はそのとき、私の話をじっくりと聴いてくださったのです。そして、私の顔をのぞき込むようにして「苦労しちょったなあ、わしは知らなんだ」と言ってくださいました。そう言われただけで、私の胸のわだかまりが一気に解けていくのを感じました。

続いて、博士は「構わんから、わしのところへもういっぺん戻って来いよ」とおっしゃいました。そのとき、長男が宿って三か月だったので、「先生、お腹に子供がいます」と言うと、「構わんじゃないか。わしのところで産め」とまで言ってくださいました。そして「おまえなら、やれると思ったがのう」とおっしゃったのです。

そのとき、博士は深く考えておいでのようでした。私の夫・修市《しゅういち》のことをご心配になって、「しかし節子がいなくなったら、おまえの夫はその後、モラロジーを続けてやっていけるかな」とおっしゃったのです。それで私ははっと気がつきました。〝ああ、ご心配をかけてはいけない〟と思い、もう二度と愚痴は言うまいと決心することができました。三方よしの考えでなければならないのに、自分のことばかり考えていた私に気づいたのです。

もう一度やり直しをしようと心に誓い、水野家に帰ってからは、博士が常におっしゃっている、人の身になる気持ちを大切にするように努めました。〝至りませんので教えてください〟という気持ちになり、温かいやわらかい気持ちになろうと努めました。そして、私が変わればみんなよくなるということがわかったのです。

昭和十二年二月、私の結婚が決まってお暇をいただくとき、博士が目の前の『道徳科学の論文』を指さしておっしゃいました。「せっかくできたんじゃ、よく読んでなあ」「これからはみんな幸福になるぞ」「苦労は廣池家だけでたくさんじゃ」と。そして「わしの生きちょるうちに、おまえたちの不徳がみんな出てくるとよいのう。そうしたら、みんな補《おぎの》うてやれるが、死ぬると自分の徳だけじゃぞ」とおっしゃいました。このお言葉は本当に温かい神様のようなお言葉で、今も私の胸に深く刻みついております。

その後の私の人生は、順境ばかりではありませんでした。逆境にあって私の心を支え、励まし続けてくれたのが、廣池博士のご日常のお姿でした。今、私は不自由のない幸せな生活の中で、廣池博士の恩恵をいっそう深く感じている次第です。

（『まごころ』）

われ、神と共にあり

岡田俊子

晩年の廣池博士は、普通の人の何倍もの活力で仕事をされました。四六時中、日曜、祭日の区別なく、人心救済のことのみ考えておられました。

博士はご旅行中に歴史の跡を調べられても、本や小説をお読みになっても、大切な点はすべて教えとして書き残しておられました。汽車の中でも原稿を書かれ、また夜なども寝巻きに着替えられるということはありませんでした。特別なお体ですから、夏でもカイロをたくさんつけて、そのままおやすみになるという状態でした。床の中でも、お風呂に入られても、原稿を書いておられました。

大穴温泉のお風呂は穴の奥にあり、いつご用があるかわかりませんから、浴槽の近くで私たちは控えています。博士が目を閉じられて、こめかみのあたりをヒクヒクされると「原稿」とおっしゃいます。と同時に、私が穴の中に走って、原稿用紙と筆を持ってまいります。お渡しすると、博士は待ちかねたように原稿を書かれます。筆の運びより、博士の頭からほとばしるご構想のほうが速いのでしょう。筆がさされるまで一気に書かれると、その筆をポイと放られますので、次の筆をスッとタイミングよくお渡しするわけです。そのときの眼光は鋭く、何者をも寄せつけないような威厳がありました。お書きになった原稿を、書生さんがきれいに清書されますが、また直される、また清書されるというように、何回も何回も原稿が真っ黒になるくらいに推《すい》敲《こう》されるのです。

このように一枚の原稿ができ上がるまで、本当に心血を注いで書いておられるわけです。原稿をお書きになった後、にわかにお体の具合が悪くなるようなことがあると、今書いた原稿が神様のお心に添わなかったのではないかと、床の間の神様の前でひれ伏すようにして自己反省をされるのです。神様のように感じられる博士が、神様のお心に添わないのではないかと反省されているお姿がありました。そして、何事も神様のご守護として感謝され、何ひとつ自分の力ということはおっしゃいませんでした。このような博士のお姿には本当に心打たれるものがありました。旅行のときも、常に「神様」と書いた小さな箱をお持ちになり、旅行先の床の間に置かれました。「われ、神と共にあり」という博士のお姿を、まざまざと見せていただきました。

お亡くなりになる少し前には、食事も喉《のど》を通らない中でも、人心救済のことで頭がいっぱいのご様子で、「原稿」とおっしゃっては筆をお執りになっていました。そういうお姿は、亡くなられるまで続きました。（『まごころ』）

初めからうまくできなくても実地に稽古を

岡田俊子

　廣池博士とごいっしょの生活は、私たちでなんでもしなければなりません。旅行先でも、旅館の料理を食べるのではなく、旅館の一角を借りて自炊するのです。鳥料理や魚料理など、なんでもするのですが、初めからうまく料理できるはずがありません。ある門弟の方がお土産によく大きな鯛を持って来られましたが、その鯛も私たちが料理するわけです。まず先輩の方がお刺身をつくられます。私などは、鯛がもったいないので料理の上手な方にと思いますが、博士は、誰にでも実地に稽古《けいこ》をさせてくださいました。このようにして、私たちを育ててくださいました。

料理をはじめ、お茶の入れ方など、わからないことは何もかも博士にお尋ねすればすべて解決するので、これほど安心なことはありません。お寿司のつくり方、味ご飯の炊き方、ほうじ茶の入れ方など、いろいろと教えていただきました。谷川のおいしい清水で、玉露を入れたこともあります。あの当時に、グラタンのつくり方まで教えていただき、おいしく頂戴したことも覚えております。

また、よそへ行っておいしい料理を食べますと、帰ってからそのつくり方を教えていただくわけです。炊き込みご飯をつくるときなど、お醤油《しょうゆ》を何杯、お酒を何杯、これこれこんなかやくを入れて、というように博士のご指示を受けながらつくるのです。それを博士が試食され、それでよしということになると、そのつくり方がすべて原稿になるのです。当時、地方で大研究会などがあると、その地方事務所の責任者の奥様方が、研究会の会食の料理を家でつくっていたのです。博士は、その苦労されている姿をご覧になって、料理の原稿をつくり、各地方へ送られたわけです。奥様方のご苦労を少しでも軽くされようという、博士のお気持ちでした。

あるとき、博士は次のようなことをお話しになりました。「誰でもちょっと偉くなると、小さな買い物を主人みずから買う者はないが、今学校で使っている茶碗から箸に至るまで、わしが決めたのだ」と。このように〝学園にあるものは大から小まで、博士の息吹がかかっていないものはないのだ〟と思いました。それでこそ、地方からみえる会員の皆様が満足してお帰りになることができるのだと思いました。

（『まごころ』）

食は人の生命をつくる根本

岡田俊子

大先生［廣池博士］は「女は料理をおいしくつくることがいちばん大切なことだ」と、食事のつくり方からおもてなしの作法まで、実に細かに教えてくださいました。最近の若い方々のご家庭では、男性も台所に立つのが当たり前のようですが、時は昭和の初めです。家庭に入ってから恥をかかないよう、よき家庭婦人としてのたしなみをいろいろとご指導いただきました。

「裁縫は人に頼むことができるが、三度三度の食事は、人に頼むことができんからのう」

そうもおっしゃいました。体を養う大切な食べ物がまずくては、人の心を満足させることはできないからと、なんでも自分で確実にできるよう教育してくださったのです。

大先生は私たちをよく、高級な料理店に連れて行ってくださいました。実際に料理を舌で味わい、盛り付けを目で学ぶ場を与えていただいたのです。また、珍しい品やおいしいお料理があると、お店の方に「若い女性を連れて来ているから、教えてやってほしい」と、わざわざお願いをされ、材料やつくり方を聞き出したり、時には厨房《ちゅうぼう》を見せてもらうこともありました。それを、帰ってから実際につくってみるのです。

料理店に行くときは、たいてい女性二人と男性一人が随行するのですが、大先生とお座敷でごちそうをいただくのは私たち女性だけでした。書生さんは、別のお部屋で丼物《どんもの》だったのです。それは「男が若いうちにぜいたくを覚えてはいかん」という理由で、若者一人ひとりの将来を見据えて教育のしかたを変えるのが常でした。

大先生ご自身から直接、お料理を教えていただくこともありました。ご飯のつくり方から漬物の漬け方、お茶の入れ方、あるいは「スープには、コンソメとポタージュがあってのう」と、当時まだ珍しかった洋食の説明もしてくださったことを覚えています。グラタンのつくり方までお詳しいのには驚きましたが、和洋を問わず、また高貴な方へお出しするものから日常の献立まで、なんでも知っておいででした。

ある夏、群馬県の谷川温泉に開設された講堂で、五十人くらいの会食を行うことになり、大先生から「鮎《あゆ》の塩焼き」を出すように指示がありました。焼きたてを一度にお出しするのが理想ですが、コンロではどうしても時間がかかってしまいます。調理をする方が困っていると、大先生が来られ、穴を掘って炭をたき、周りを新聞紙で風除《かぜよ》けをし、ふちに串刺《くしざ》しの鮎を並べて焼くやり方を教えてくださいました。

そうした知識をお持ちの一方で、当時最新のオーブンや食器の保温器など、よいと思われる調理器具があるとすぐに備えられ、皆に使い方を学ばせました。それはご自分が美食を楽しむためではなく、人を饗《きょう》するに礼を尽くそうとするためであり、食は人の生命をつくる根本として、すべてに慈悲を注がれるお姿が、今でも強く印象に残っております。

（『れいろう』平成二十四年三月号）

病人や老人に悪い気持ちを起こさせないよう何事も慈悲の心で

岡田俊子

晩年の大先生は、谷川講堂で多くの時間を過ごされました。谷川は、病弱の大先生が全国の効能豊かな温泉を試された中で「名湯中の名湯」として、土地と源泉をお買い求めになり、開設されたところです。人間の三つの病のうち、精神と経済の病はモラロジーの学校で治し、残る肉体の病はここ谷川で治すのだと、大先生はおっしゃっていました。

谷川までお供をしたあるときのこと、大先生の朝食が済み、隣の間で皆で食事をとっていると、大先生から「病人たちにはもう食事を運んでやったのか」とお尋ねがありました。続いてこうお話しになりました。

「病人や老人はどうしても気がひがみ、神経が鋭敏になりがちだから、悪い気持ちを起こさせないよう、何事も慈悲の心でしてあげなさい」

そうしたお心配りは実にこまやかで、老人や子供の食事にお魚を出す場合は、よく洗った手で身をほぐし、骨などがないように十分気を配ってから差し上げるように、というご指導もありました。湯治に来られた方が次々に元気になってお帰りになるのは、温泉の効力は言うに及ばず、お食事の魚の骨一本まで、大先生の慈悲の手がかけられているからなのだと、つくづく感じ入ったことを覚えています。

入湯に来られた方がお帰りになるときには、必ず私どもに「汽車の時間を見てあげなさい。お弁当をこしらえて果物を添え、それにお茶を持たせなさい。そして寒いといかんから、夜汽車に乗られる方には毛布を一枚持たすようにと」とご指示をされるのでした。

（『れいろう』平成二十四年三月号）

物事は時と場合に応じて

岡田俊子

麗澤館から東京まで、タクシーで廣池博士のお買い物の随行をさせていただいたことがあります。それは昭和十一年十二月十四日、私の初めての随行でした。私は全身を緊張させて自動車に乗り込みました。

博士は、慣れない私が気をつかわぬよう、たいへん気軽に話しかけてくださいました。沿道の建物の名、川の名、道の名を、まるで手に取るようにいろいろ説明してくださるのです。私は一歳のときに父と死別していて、父というものを知りませんでした。今思うに、博士に父の慈愛というものを感じていたように思います。

博士は本当に優しい方でしたが、その反面、なんて厳しい方なのかと思ったこともあります。こちらが少しでもよく見せようという自我のあるときや、伝統の原理に反するようなときには、必ず叱られたものです。ほかの人に叱られると、すぐに腹が立つのですが、博士には叱られても叱られても、なお博士のおそばに行こうという気持ちになるわけです。博士はすぐに「ばか」とおっしゃいますが、〝叱ってくださるからいい〟と思っていたのでは、至誠がないことになります。一度叱られたことについては、二度と繰り返さないように注意しようと思いました。

しかし、博士のお言葉は時と場合によって、その意味をよく考えなければなりません。あるとき博士から、ある物を持って来るように言われたことがありました。私はお布団を踏んではいけないと思い、お布団を避《よ》けながら取りに行きました。博士は「布団なんか飛び越えて行け」とおっしゃいました。博士のところでは、お行儀より迅速のほうが大切なんだなと思いました。

今度は、お客様がいらっしゃるところでご用を仰せつかりました。お客様と言っても、博士にご指導を仰ぎに来ている方ですので、私たちにはお客様として目に入らないわけです。私は迅速とばかりに、お布団をまたいで取りに行きました。すると、お客様が帰られてから「お客様の前で布団をまたいで行く者があるか。わしのそばにいる者は行儀が悪いと言われて、嫁のもらい手がなくなるぞ」と、博士から注意されました。

このような当たり前のこともできない私たちを育てていただくのですから、叱られて当たり前です。そこで叱られやすい人間になろうと思いました。それでも、同じことで二度叱られないようにしようと思いましたが、時と場合で違います。結局、二度まではしかたがないが、同じことで三度叱られないようにしようと気をつけました。

畑毛温泉に、京都の杉本徳次郎《すぎもととくじろう》先生ご夫妻がお泊まりになっていたときのことです。夜中に博士が入浴される前、とにかく早くしなければならないと思い、廊下を走りながらガラガラと浴場の戸をいつもと同じように開けました。そのとき博士は「もっと静かに開けなさい。迅速ばかりではいけない。今夜はお客様がお泊まりになっているのに、そんな大きな音を立てたらおやすみになれないではないか。本当におまえは慈悲の心がないのだから」とお叱りになりました。

またあるとき、「わしのように年を取ればしかたがないが、若い者が人の前で鼻をかんだり痰《たん》を吐くものではない。必ず聞こえないところへ行ってしなさい。目上の人や老人の前では、絶対にしてはいけない」とおっしゃったこともあります。

また、老人や病人に果物を差し上げるようなときの注意まで、その場合・場所にあたって、事細かに教えてくださるのでした。

博士はお客様とご会食になるときでも、とても心をおつかいになって、ゆっくりゆっくりお召し上がりになり、皆さんがすっかり食べ終わるまでお箸を片付けられません。そして、目上の方とお食事を共にするときは、私たちに「目上の方がお箸を取られてからお箸を取り、目上の方がお食事を終えられるまでに食べ終わらなくてはならない」と教えてくださいました。

博士のお部屋には重要書類の入った鞄《かばん》や信玄袋、風呂敷《ふろしき》包みがたくさんあり、難しい名前の本を取るように言われても、わからないことがよくあります。私は博士の神経を煩わせてはいけないと思い、聞き返さずにわかったような顔をしているのですが、内心ではどぎまぎしていました。それを見て「わしの指先を見ないで、取りに行く物がわかるか」と叱られたものです。そこで、それからは博士の指の方向を見て取りに行くようになりました。それでもどの本なのかわからず、大きな信玄袋を引きずっていき、博士の前でおもむろに一冊ずつ出していくこともありました。そうすると、博士はさっとお目当ての本をお取りになるのでした。

また、一度に二つも三つも仕事を頼まれますから、博士が今はどれをいちばんに望まれているのかを常に考える訓練ができました。博士のおそばで身につけさせていただいたことが、私自身、戦中戦後の子育てや商売など、いろいろな実生活に非常に役に立つことになりました。

（『まごころ』）

陰でのさり気ない心配り

岡田俊子

あるデパートにお供したとき、廣池博士は私たち随行者に「着物を買ってあげるから、自分の好きな柄を選びなさい」とおっしゃいました。私たちはあれこれと迷うだけで、なかなか決まりません。すると博士は「これは誰々」と言って、一瞬のうちに選んでくださいました。それがまたセンスがよく、それぞれにうってつけの柄を選んでいただいた記憶があります。思いもかけないことでしたが、博士がお亡くなりになり、大穴から専攻塾へお帰りになる際、私たちは買っていただいたそのセルの着物を着て、最後のお供をさせていただきました。このことは本当に感慨無量の思い出となりました。

またあるとき、谷川から高崎へ買い物に行った折に、博士は履物店で女物の下駄《げた》を一足お買いになりました。そこで私に「宿まで持って帰るように」と持たされたのです。そのときいっしょにお供をしたのは、松浦節子さんでした。その下駄はどなたにあげられるのかと一瞬思いましたが、私はそのことはすぐに忘れておりました。その後、節子さんが「あの下駄は私がもらったのよ」とおっしゃいました。博士のお供をしたとき、節子さんはすり減った下駄を履いていたのだそうです。普通だったら「節子、おまえの下駄はだいぶすり減っているから、これを履け」と言うところですが、博士は、私のような後輩の前で先輩に恥をかかされないのです。何事でも博士は、陰でさり気なくしてくださるので、よけいにその温かみを感じるのです。

（『まごころ』）

人にできないようなことが皆さんに満足していただけるようにできて、初めて偉いと言える

岡田俊子

〔昭和十三年四月二日に行われた廣池博士夫妻の〕金婚式の前日のことでした。九州の永岡政吉さんが博士に大きな鯛をご持参になりました。せっかくの鯛ですので、鯛茶漬けにして主な方たち数十人を麗澤館へお招きになりました。博士は連日のお客様のご接待で非常にお疲れになっていたのですが、来会者の方たちに満足を与えるように招待されたのです。松浦政子さんをはじめ、炊事の人たちも、前日の二百人ほどのお食事の用意に相当疲れておられたよ

うでした。

ところが、いよいよそのお食事のときになって、鯛茶漬けはすぐに熱いお茶が必要なのに、お茶を出すのが遅れてしまったのです。博士は大きな声でお叱りになり、台所まで来て指図しておられます。私と日比野（奉仕者の一人、現・北洞さかゑ）さんは、博士のお部屋を片付けてお帰りをお待ちしていましたが、あまりの大声に、二人でそのまま小さくなって顔を見合わせていました。せめて一人だけでも飛び出して行ってお手伝いをすればよかったのですが、気がきかず隠れておりました。しかし炊事の人たちは、叱られれば叱られるほど落ち着いて、松浦政子さんの指揮のもとに、慌てずに仕事を済ませました。

そして無事お食事が済み、博士がお部屋に帰っていらっしゃいました。袴《はかま》

昭和１３年４月、廣池千九郎夫妻の金婚式の
準備の際の奉仕者たち

のひもを解いていると、博士が「今夜は大きな声で叱ったので、腹がすいてご飯がおいしかったよ」とおっしゃったので、〝なるほど、博士が叱られるのは、私たちが腹を立てるのとは違う〟と感じました。続いて博士は「今夜のお客様の接待は、皆も疲れていることとゆえ、だいぶ無理であるとは思っていた。しかしよく考えてみさない。人にできないようなことが、皆さんに満足していただけるようにできて、初めて偉いと言えるのだ」と

おっしゃいました。

あの博士の一喝《いっかつ》があって、皆の気のゆるみも疲れもどこかへ吹き飛び、心が一つになってお客様にご満足いただけたのだと思います。

（『まごころ』）

執筆者一覧（五十音順）

井出　芳（いでよし）

明治二十五年（一八九二）、静岡県に生まれる。伊豆・畑毛温泉で旅館を経営する井出静氏（のちに道徳科学研究所職員、畑毛寮主任）と結婚。大正十二年（一九二三）より廣池千九郎が畑毛にて『道徳科学の論文』の執筆に専念した際、その宿が隣家であったことから、一家で奉仕した。昭和五十年（一九七五）逝去。

大塚たもつ（おおつか たもつ）

明治四十二年（一九〇九）、長崎県に生まれる。長崎県立島原高等女学校卒業後の昭和四年（一九二九）と同九年、廣池千九郎の側近として奉仕。大塚善治郎氏（モラロジー研究所専任講師室顧問等を歴任、麗澤大学名誉教授）夫人。平成五年（一九九三）逝去。

岡田俊子（おかだ としこ）

大正七年（一九一八）、滋賀県に生まれる。滋賀県立愛知高等女学校卒業後、昭和十一年（一九三六）九月、道徳科学専攻塾別科第四期に入塾。同年から廣池千九郎の逝去まで、側近として奉仕。岡田晃氏（モラロジー研究所生涯学習本部顧問等を歴任、麗澤大学名誉教授）夫人。平成二十五年（二〇一三）逝去。

香川初音（かがわ はつね）

明治二十三年（一八九〇）、長崎県に生まれる。島原女子手芸学校中退。大正五年（一九一六）に香川景三郎氏（のちに道徳科学研究所職員、モラロジー研究所顧問等を歴任）と結婚し、同十一年より夫妻で廣池千九郎に師事。昭和六十一年（一九八六）逝去。

松浦政子（まつうら まさこ）

明治四十四年（一九一一）、福岡県に生まれる。福岡県立福岡高等女学校卒業後、昭和七年（一九三二）二月から約半年間、廣池千九郎の側近として奉仕。同年に松浦興祐氏（道徳科学研究所社会教育講師、麗澤大学教授等を歴任）と結婚、同十年三月より夫妻で千葉の道徳科学専攻塾に奉職。平成十一年（一九九九）逝去。

水野節子（みずの よしこ）

大正三年（一九一四）、名古屋市に生まれる。椙山女学校卒業後、昭和七年（一九三二）四月から十二年二月まで、廣池千九郎の側近として奉仕。水野修市氏（モラロジー研究所職員、社会教育講師等を歴任）夫人。平成十五年（二〇〇三）逝去。

廣池千九郎エピソード〈第4集〉

まごころを引き出す

平成27年2月10日　初版第1刷発行

編　者　公益財団法人 モラロジー研究所 出版部

発　行　公益財団法人 モラロジー研究所
〒277-8654 千葉県柏市光ヶ丘2-1-1
TEL.04-7173-3155（出版部）
http://www.moralogy.jp/

発　売　学校法人 廣池学園事業部
〒277-8686 千葉県柏市光ヶ丘2-1-1
TEL.04-7173-3158

印　刷　シナノ印刷株式会社

ISBN978-4-89639-244-9